I0796638

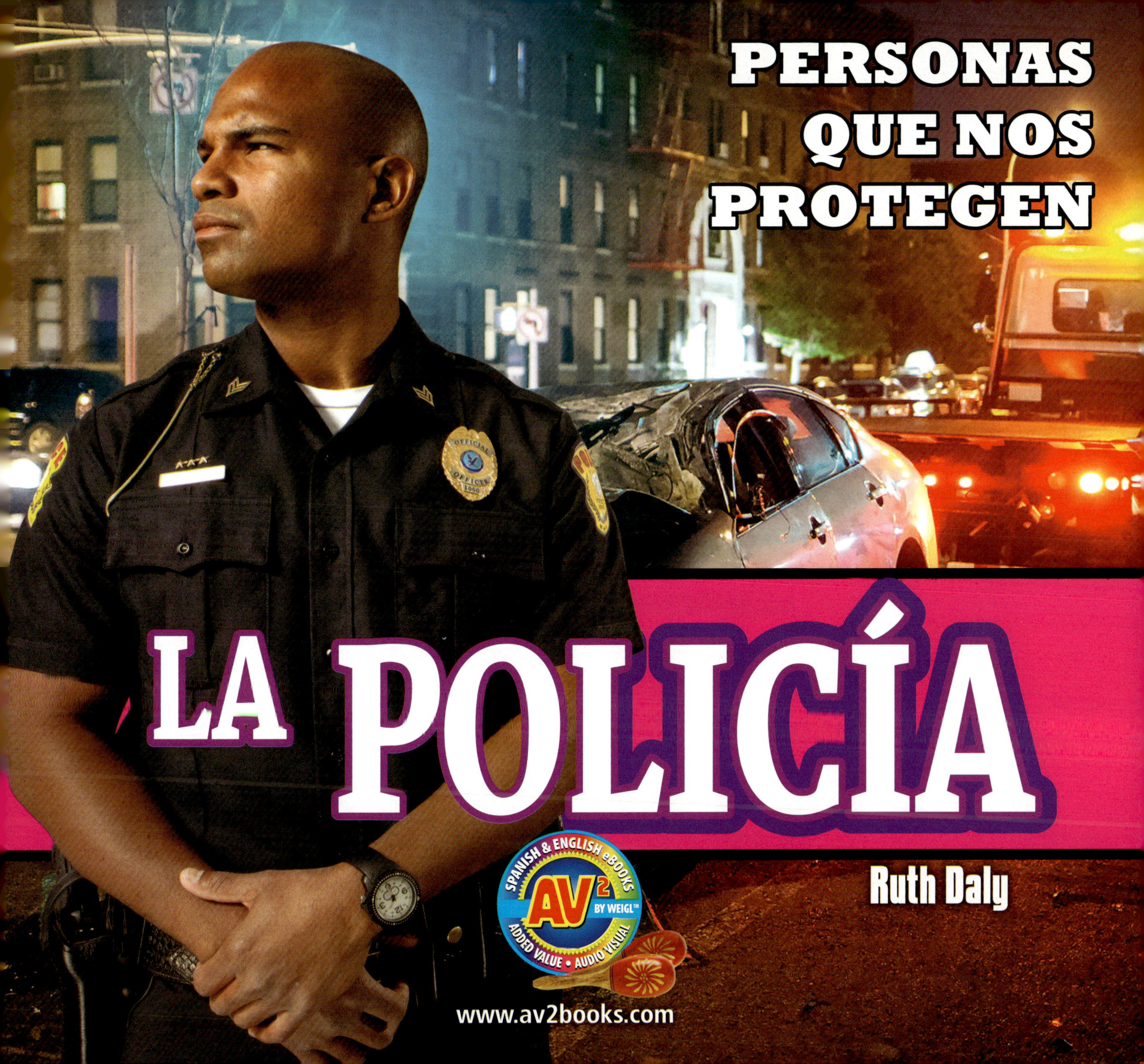
PERSONAS
QUE NOS
PROTEGEN
LA POLICÍA
SPANISH & ENGLISH eBOOKS
AV2 BY WEIGL
ADDED VALUE • AUDIO VISUAL
Ruth Daly
www.av2books.com

Visita nuestro sitio www.av2books.com e ingresa el código único del libro.
Go to www.av2books.com, and enter this book's unique code.

CÓDIGO DEL LIBRO
BOOK CODE

AVJ65887

AV² de Weigl te ofrece enriquecidos libros electrónicos que favorecen el aprendizaje activo.
AV² by Weigl brings you media enhanced books that support active learning.

El enriquecido libro electrónico AV² te ofrece una experiencia bilingüe completa entre el inglés y el español para aprender el vocabulario de los dos idiomas.
This AV² media enhanced book gives you a fully bilingual experience between English and Spanish to learn the vocabulary of both languages.

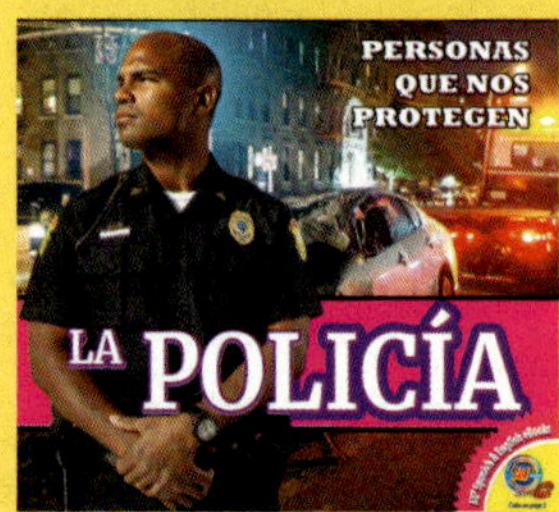

Spanish

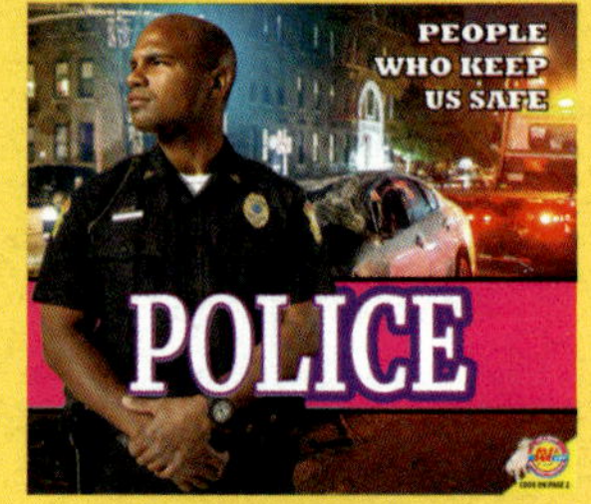

English

Navegación bilingüe AV²
AV² Bilingual Navigation

OPCIÓN DE IDIOMA
LANGUAGE TOGGLE

CERRAR
CLOSE

INICIO
HOME

CAMBIAR LA PÁGINA
PAGE TURNING

VISTA PRELIMINAR
PAGE PREVIEW

LA POLICÍA

CONTENIDOS

El trabajo de algunas personas es proteger a los demás.

El oficial de policía trabaja para proteger a la gente.

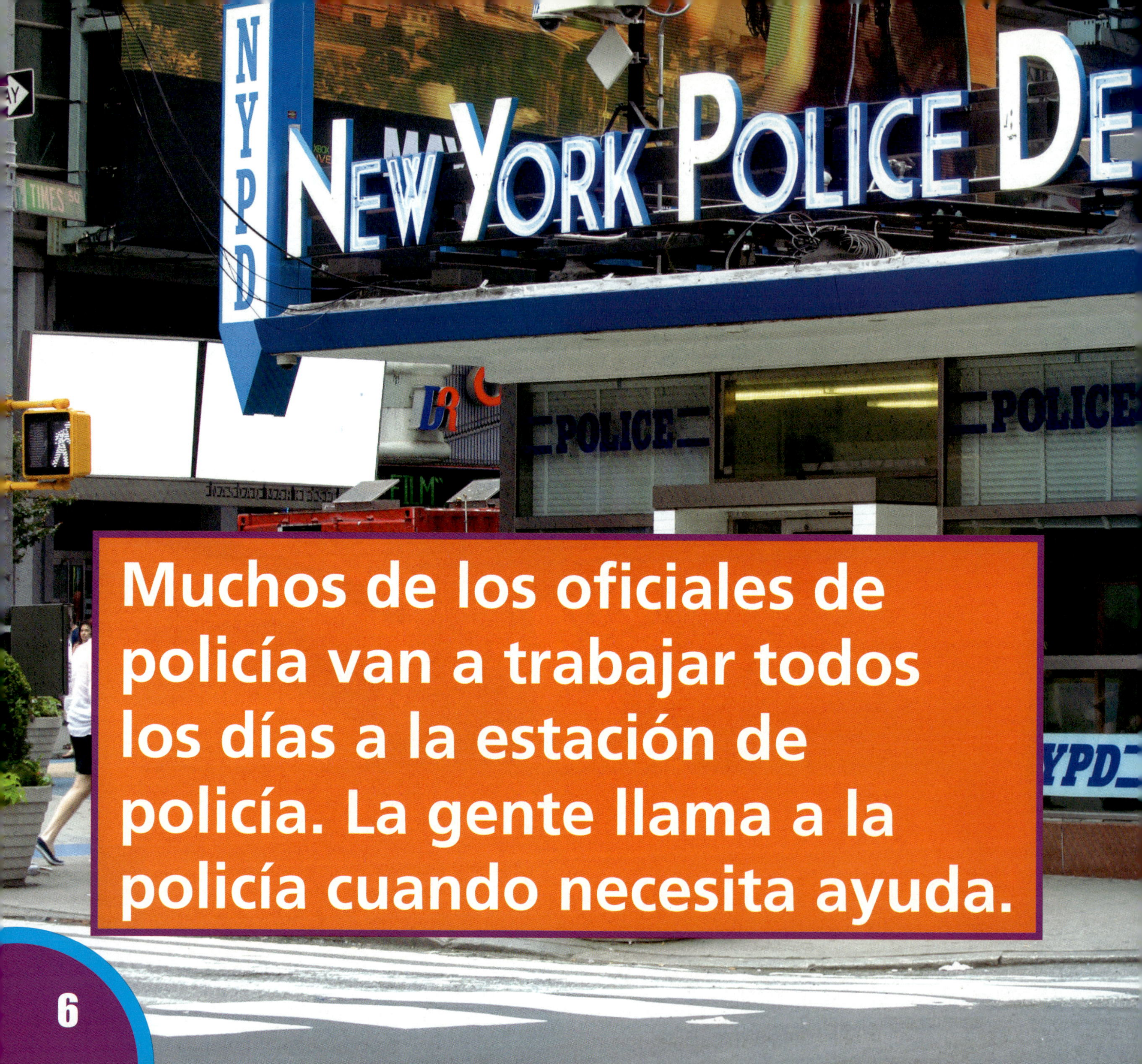

Muchos de los oficiales de policía van a trabajar todos los días a la estación de policía. La gente llama a la policía cuando necesita ayuda.

SHERWOOD
ONE
ONE WAY
ORK POLICE DEPT
NO STANDING ANYTIME
POLICE
POLICE
ELCOME TO TIMES SQUARE...
COURTESY
PROFESSIONALISM
RESPECT
COME SEE THE CENTENNIAL NEW YEAR'S EVE BALL!
START YOUR VISIT HERE

Los oficiales de policía cuidan a la comunidad.

Protegen a la gente y los lugares. También detienen a los que no cumplen con la ley.

El oficial de policía puede recorrer la comunidad en un coche patrulla o motocicleta.

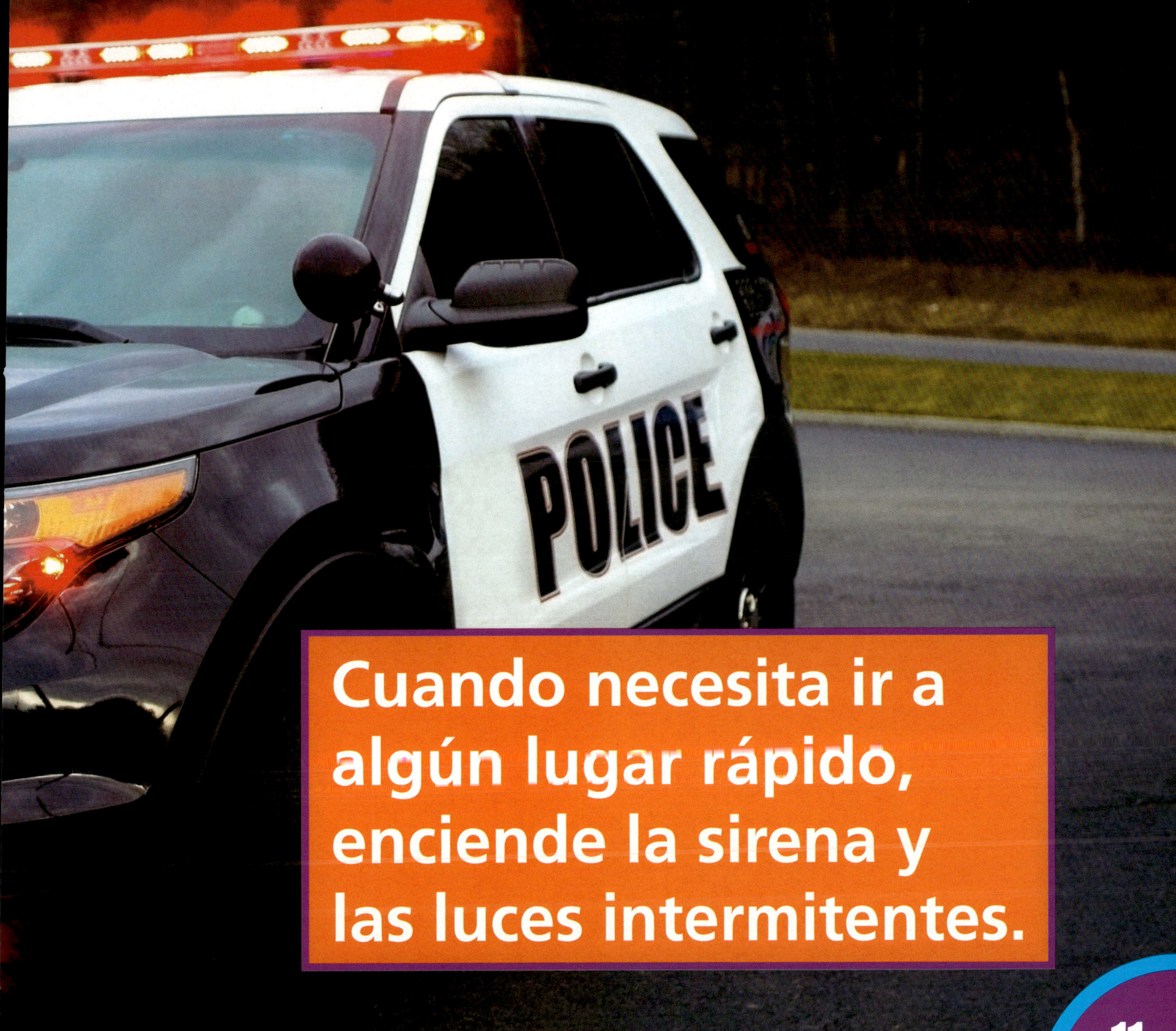

Cuando necesita ir a algún lugar rápido, enciende la sirena y las luces intermitentes.

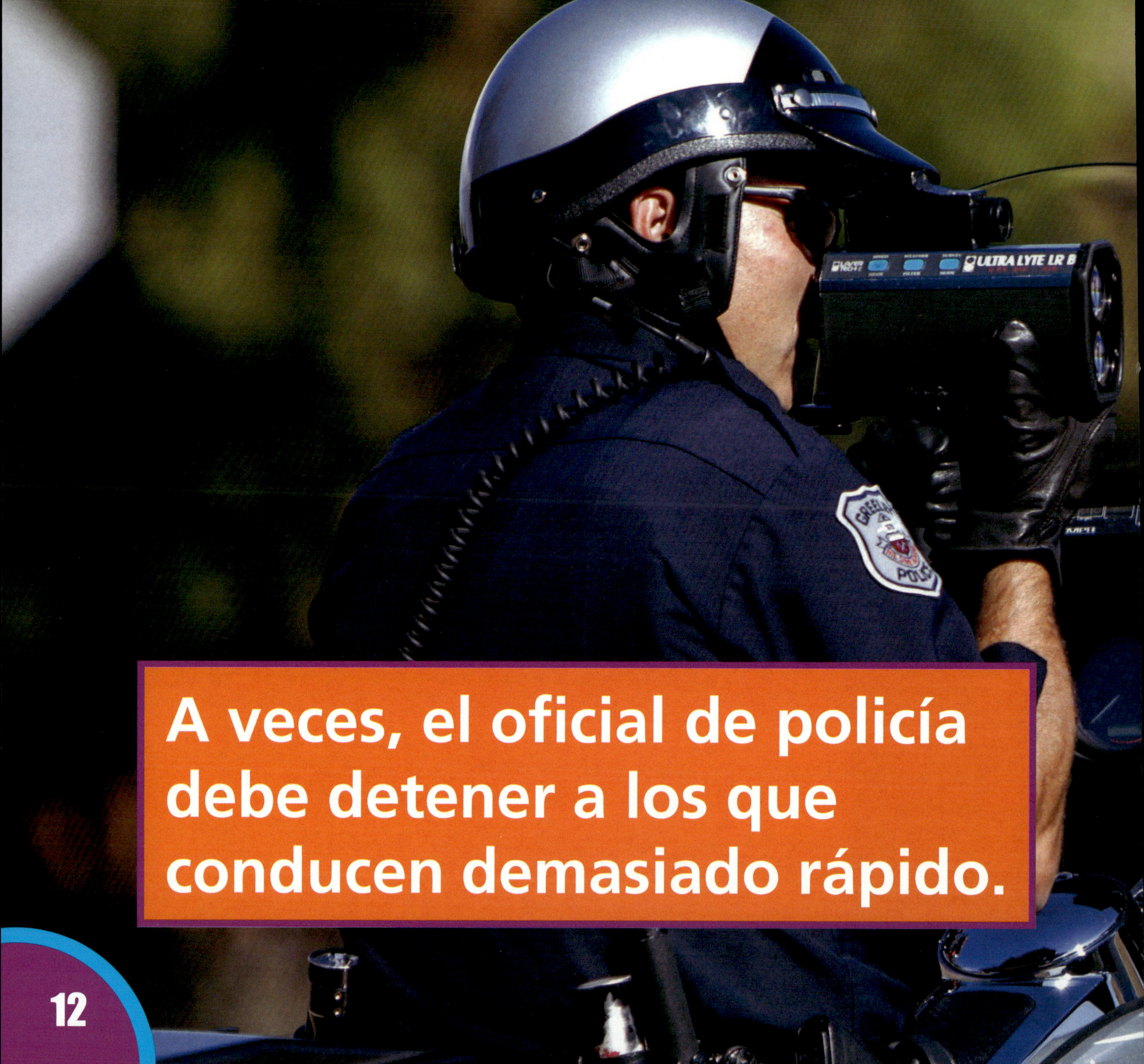

A veces, el oficial de policía debe detener a los que conducen demasiado rápido.

Usa un aparato especial que le dice a qué velocidad van.

El oficial de policía protege a la gente en un embotellamiento de tránsito.

Mueve sus manos para que los conductores sepan por dónde ir.

El oficial de policía puede ayudar a un niño perdido.

Puede usar su radio para llamar a la estación de policía. En la estación pueden ayudarlo a encontrar a la familia del niño.

La policía protege a la gente en las celebraciones y desfiles.

A veces patrullan a las multitudes montados a caballo.

POLICE

La policía es importante porque nos protege.

Veamos qué has aprendido sobre la policía.

Describe lo que ves en cada una de estas imágenes.

¡Visita www.av2books.com para disfrutar de tu libro interactivo de inglés y español!

Check out www.av2books.com for your interactive English and Spanish ebook!

1. **Entra en www.av2books.com**
   Go to www.av2books.com
2. **Ingresa tu código**
   Enter book code
   AVJ65887
3. **¡Alimenta tu imaginación en línea!**
   Fuel your imagination online!

www.av2books.com

Published by AV² by Weigl
350 5th Avenue, 59th Floor New York, NY 10118
Website: www.av2books.com

Library of Congress Control Number: 2018964741

ISBN 978-1-7911-0204-3 (hardcover)
ISBN 978-1-7911-0205-0 (multi-user eBook)

Printed in the United States of America in Brainerd, Minnesota
1 2 3 4 5 6 7 8 9 0 22 21 20 19 18

122018
111918

Project Coordinator: John Willis
Art Director: Ana María Vidal
Spanish Project Coordinator: Sara Cucini
Spanish/English Translator: Translation Services USA

Every reasonable effort has been made to trace ownership and to obtain permission to reprint copyright material. The publisher would be pleased to have any errors or omissions brought to its attention so that they may be corrected in subsequent printings.

The publisher acknowledges Alamy, Dreamstime, Getty Images, and iStock as the primary image suppliers for this title.